Saci Brincalhão

JOSMAR ESTAÇÃO

ide editora

MERCA

— Nossa, acho que vai cair um temporal! — pensou Danilo, enquanto voltava do mercado com algumas compras que sua mamãe havia pedido para ir buscar.

— Melhor correr!!! — decidiu, olhando para o alto, onde o Sol desaparecera por completo. O céu agora estava escuro, bem escuro, parecia noite.

— Ufa, que ventania!!! — exclamou em voz alta, enquanto corria, pois ainda estava a alguns quarteirões de casa.

De repente, bem no meio da rua, surgiu um redemoinho e Danilo chegou a gritar:

— Se eu tivesse uma peneira aqui, era só jogar e pegar um saci!

Tudo porque se lembrou de uma história do nosso folclore, a do Saci-Pererê. Diz a história que dentro de um redemoinho tem um saci, e se você conseguir ser bem rápido e atirar uma peneira em cima desse redemoinho... zap!, você consegue capturar o saci. Aí, pode pedir a ele que realize um desejo seu!

— Puxa vida! Mas que desejo? O que pedir? — ficou olhando e pensando...

— Corra, menino, olhe a chuva! Você vai se molhar e levar uma bronca de sua mãe!!! — era Dona Ismênia, amiga de sua mãe, que, enquanto gritava com ele, fechava rapidamente as janelas.

— Já estou indo, Dona Ismênia!

E saiu correndo. Era verdade: se tomasse chuva ia levar uma bronca.

Danilo corria o mais rápido que podia. O céu todo escuro só se iluminava quando vinham os relâmpagos e, em seguida, o barulho dos trovões. Dava medo!

— Ufa, cheguei! Ainda bem que não começou a chover – pensou, abrindo, rápido, a porta de sua casa.

— Mãeeeeeê, cheguei!!! — gritou, acendendo as luzes e colocando as compras em cima da mesa da cozinha. — Trouxe tudo o que a senhora pediu. Posso ficar com o troco?

E enquanto esperava a resposta. foi até o quarto, acendeu a luz e...

— Mãe, onde você está?! Uééééé, será que ela saiu? A porta estava só encostada?!

Nesse momento, um clarão muito forte invadiu toda a casa e, em seguida, um estrondo, um barulhão, como se o céu estivesse muito, mas muito bravo, mesmo...

"CABRUUUUUMMMMMMMMMM!!!!!!"

Danilo levou um susto, as luzes se apagaram, e a casa ficou agora todinha escura, um breu! E a chuva caía com força, fazendo barulho nas janelas e no telhado.

— Que susto! — sussurrou Danilo, colocando a mão no peito. — Está escuro aqui... não tem luz, está frio... cadê minha mãe...? Acho que vou lá na sala...

Mas quando estava indo para a sala, outro raio caiu, iluminando toda a casa com seu clarão prateado, e Danilo viu um homem perto da porta. Em seguida, tudo ficou escuro novamente.

— Aiiiii, que medo! Quem será que é?! — pensou, amedrontado, e agora, já agachado.

E, na esperança de que pudesse ser sua mãe, ainda gritou:

— Mãe!!!

Mas não houve resposta.

— E se for um ladrão ou um fantasma e vier na minha direção?! — pensou, tremendo de medo.

De repente..."CABRUUUUUMMMMMMM!!!".

Outro raio e, novamente, Danilo viu o homem.

— Tem alguém aqui na sala! Acho que ele me viu, também! — pensou, arrepiado.

Em seguida começou a ouvir: "TOC" "TOC" "TOC"...

— Ai, meu Deus, ele está vindo na minha direção! Vou me mandar daqui!

E nem deu tempo de pensar direito e Danilo já estava na calçada, debaixo de toda aquela chuvarada.

— E agora?! Para onde vou?! Será que é verdade a história do saci e ele está me dando um susto? Já sei, vou para a casa do Nando!

Danilo, então, correu para a casa de seu vizinho e já foi entrando...

— Nando, Nando!!! — chamou, encontrando a casa iluminada por algumas velas e viu o amigo, sentado na sala, brincando com seus carrinhos.

— Oi, Danilo, você quer brincar comigo? — perguntou o menino, ficando em pé.

— Nando, tem alguma coisa estranha acontecendo lá em casa. Eu cheguei e quando começou a chover, ficou tudo escuro, minha mãe sumiu e apareceu um homem na sala. Acho que isso é tudo coisa do Saci!

— SACI?! — perguntou Nando, rindo, e percebendo que seu amigo estava todo molhado e muito, mas muito assustado.

— Era ele mesmo! Tinha até um barulho "TOC" "TOC" "TOC"! Coisas de Saci. Saci Brincalhão, aqueles que tiram tudo do lugar. Tudo isso só porque eu pensei que poderia prendê-lo para realizar um desejo. Você não está acreditando? Veja esta escuridão, olha essa chuva feia, esses relâmpagos todos!

— Danilo — disse o amigo, da mesma idade —, fico muito feliz que você me veja como um menino igual a você, mas eu sou cego, lembra?!

Danilo parou, arregalou os olhos naquela escuridão, e, com a claridade das velas, viu seu amigo que, sorrindo, continuou:

— Adoraria ver tudo isso que você está dizendo, ver os relâmpagos, a chuva, saber a cor do céu com chuva, do céu com sol, gostaria muito..., mas, meu amigo, Saci é algo que, nem se eu enxergasse, iria ver!!! Não existe!

— Será?! – perguntou Danilo, ainda assustado.

— Tudo bem, por que não vamos investigar? Vou com você até sua casa, topa?

— Vamos, mas antes avisamos sua mãe para ela ir buscar a gente depois; vai que tem...?

— Mãe — gritou Nando. — Vou com Danilo até a casa dele. Posso?

— Pode, mas pegue o guarda-chuva, está perto da porta e vê se não demora! — respondeu a mãe.

— Pede para ela ir buscar a gente depois — sussurrou Danilo no ouvido de Nando.

— Depois, a senhora pode me buscar? — perguntou Nando para a mãe.

— Claro, tenho mesmo que conversar com a mãe do Danilo.

Como se enxergasse, fazendo os movimentos com muita segurança, Nando pegou o guarda-chuva, abriu a porta para Danilo passar, fechou-a, abriu o guarda-chuva e foram os dois em direção à casa vizinha.

— Puxa, se não me lembra, esqueço sempre que você tem deficiência visual! Como consegue fazer tudo o que faz?

— Aprendi com meus pais a não ter medo e sempre acreditar que iria aprender. Bati muito a cabeça, a canela, tropecei, mas decidi que tinha que aprender, que sou uma criança como as outras, que posso não enxergar, mas tenho muitas outras habilidades... nunca perdi a curiosidade e o desejo de aprender... sou como você.

— Acho que não, você é muito mais corajoso – disse Danilo, entrando debaixo do guarda-chuva.

Logo quando estavam no meio do caminho, a luz retornou em todas as ruas e casas do bairro. Danilo ficou em silêncio esperando para ver alguma manifestação de seu amigo.

— Está ouvindo? – perguntou Nando. – Acho que a luz está voltando.

— Como você sabe?!

— Pelo barulho que as pessoas fazem, como se estivessem contentes. E, então, entendo que a luz deve ter voltado.

— Puxa, nem havia percebido barulho nenhum — diz Danilo.

— É que eu fui desenvolvendo mais meus outros sentidos, como o tato, o paladar, o olfato, a audição, e tudo isso me ajuda a perceber melhor o ambiente em que estou.

— Você me ensina?

— Você já sabe, é que não dá muita importância. Apenas preste mais atenção nas coisas, com todos os sentidos.

— Chegamos — diz Danilo.

— Acho que sua mãe também já chegou — disse Nando.

— Nem vou perguntar como você sabe! — retrucou Danilo.

— Foi pelo cheiro. Somos vizinhos e conheço bem o perfume que sua mãe usa — respondeu o amigo.

— Nunca percebi que minha mãe usava perfume.

E logo quando eles passam pela porta...

— Danilooooo! Onde o senhor estava?! Todo molhado, vai acabar ficando doente – disse a mãe, da cozinha.

— Fiz as compras que me pediu e vim para casa. Quando começou a chover, tudo ficou escuro, sem luz, e achei que tinha algum saci brincalhão por aqui. A senhora sumiu! Daí apareceu um homem na sala e ouvi "TOC" "TOC" "TOC"... e fui correndo para a casa do Nando! — explicou Danilo.

— Pois eu fiquei preocupada por você estar demorando e fui com o guarda-chuva buscá-lo e acho que nos desencontramos... mas que história é essa de homem na sala?

Nesse momento, Danilo olha para o local em que tinha visto o homem e...

— Ora, era só o boneco manequim que a senhora usa para costurar! Acho que eu estava muito assustado e com medo — explicou Danilo, envergonhado, abaixando a cabeça.

Mesmo assim, ainda insistiu:

— Mas eu ouvi "TOC" "TOC" "TOC"...

— Parece o barulho de uma goteira; eu estou ouvindo — explicou Nando.

— É isso mesmo: a casa está cheia de goteiras e tem uma, bem em cima da geladeira – disse a mãe de Danilo.

—Quando se tem medo, se enxerga o que não existe! — completou Nando.

— Com licença, Dona Cida?

Era a mãe de Nando, que tinha chegado.

— Pode entrar, Dona Carmem – respondeu, gentilmente, a mãe de Danilo.

— Vim buscar o Nando e pedir para a senhora nos ajudar com suas preces. Amanhã iremos levá-lo novamente ao médico e ele poderá nos dizer sobre a possibilidade de doadores, para que ele possa fazer uma cirurgia e voltar a enxergar.

— Puxa, você vai enxergar?! — perguntou Danilo, levando Nando pelos braços até a varanda da casa, enquanto as mães conversavam na sala.

— Ainda é cedo para dizer! Mas procuro colocar em minha cabeça bons pensamentos; penso em Jesus, curando os cegos, e, quem sabe, Deus não poderá, também, dar aos médicos a chance de me curarem? Espero merecer.

— E eu, que acreditava em Saci, vou dizer para você, meu amigo: se eu pegasse um, saberia bem qual o meu desejo.

— Qual seria?

— Que você enxergasse todas as belezas deste mundo!

— Continue desejando, mas peça a Jesus, porque Ele existe de verdade!

FIM!